Un libro per chi non vuole tenere i piedi per terra, ma anzi desidera volare verso le alte vette: Hannibal dosa sapientemente il suo bianco e nero per rendere le fotografie di questo libro imponenti, trasmettendo scatto dopo scatto la grandezza della natura. Buona lettura e ricordatevi di tornare a terra una volta finito il libro...

Fabio Rancati

A book for those who do not want to keep their feet on the ground, but rather want to fly to the high peaks: Hannibal skilfully doses his black and white to make the photographs of this book impressive, transmitting snap after shot the greatness of nature. Good reading and remember to go back to the ground once the book is finished ...

Fabio Rancati

Serla

Vallandro

Dosso Piano

Croda Bagnata

Rocca dei Baranci

Corno di Fana

Sasso del Signore

12 Apostoli

Croda del Becco

Marmolada

Pordoi

Piz Boè

Cristallo

Piana

Sorapiss

Cadini di Misurina

Cimon del Froppa

Paterno

Rudo

Tre Cime di Lavaredo

Rudo - Croda dei Rondoi - Torre dei Scarperi - Croda dei Baranci

Cermis

Adamello

Valles

Pale di San Martino

Presanella

Cèren

Grostè

Cima Tosa

Sass de Putia

Cirspitzen

Sassolungo

www.ingramcontent.com/pod-product-compliance
Lightning Source LLC
Chambersburg PA
CBHW041258180526
45172CB00003B/888